极简式生活大转变

——简化生活的四个简单步骤

[罗] 佐伊·麦基（Zoe McKey） 著
成都锐拓传媒广告有限公司 译

SPM 南方出版传媒
广东经济出版社
·广州·

图书在版编目（CIP）数据

极简式生活大转变：简化生活的四个简单步骤／（罗）佐伊·麦基著；成都锐拓传媒广告有限公司译．—广州：广东经济出版社，2020.5
ISBN 978-7-5454-5530-4

Ⅰ．①极… Ⅱ．①佐… Ⅲ．①生活方式－通俗读物Ⅳ．①C913.3-49

中国版本图书馆CIP数据核字（2020）第036849号

版权登记号：19-2019-087

责任编辑：程梦菲　张童瑀
责任技编：陆俊帆
封面设计：木崖平面设计工作室

极简式生活大转变：简化生活的四个简单步骤

JIJIAN SHI SHENGHUO DA ZHUANBIAN：JIANHUA SHENGHUO DE SIGE JIANDAN BUZHOU

出版人	李　鹏
出　版 发　行	广东经济出版社（广州市环市东路水荫路11号11～12楼）
经　销	全国新华书店
印　刷	广东信源彩色印务有限公司 （广州市番禺区南村镇南村村东兴工业园）
开　本	787毫米×1092毫米　1/32
印　张	4.5
字　数	60千字
版　次	2020年5月第1版
印　次	2020年5月第1次
书　号	ISBN 978-7-5454-5530-4
定　价	45.00元

图书营销中心地址：广州市环市东路水荫路11号11楼
电话：（020）87393830　邮政编码：510075
如发现印装质量问题，影响阅读，请与本社联系
广东经济出版社常年法律顾问：胡志海律师

前　言

在叙述的开始，我会告诉你这本书将怎样帮助你。既然你买了这本书，就说明你应该已经无法忍受混乱的生活，你想要成为一个更理智的消费者，想拥有更加井井有条的生活。

极简主义的生活最近非常受欢迎，这可能是人们对过度消费的和平抵抗吧。在我的上一本书《越整理越轻松》（*Less Mess Less Stress*）中，我展示了自己对极简主义的理解。我根据个人的经验给出了怎样整理思维方式、人际关系和生活环境的技巧和策略，通过这些方法达到塑造极简生活的目的。

这本书为你提供了四种不同的方法来将极简

主义带入你的生活，减少你精神和物质上的混乱。其中的一些方法很古老，事实上，这些方法比美国文化还要古老，可以追溯到维京时代。

我认为要想改变或改善一件事，就有必要对这件事的历史略知一二。了解历史可以帮助我们洞察需要改正的缺点是什么、可以改善的空间有多大。因此，我将在这本书中浅谈这些方法的历史和传统。

介绍过这些方法的历史后，我将会介绍方法本身，给你提供减少生活“垃圾”的实用例子。在每种方法的结尾，我会告诉你这些方法的弊端。了解相反的观点可以强化你的信念或是帮助你换个角度看问题。总而言之，我将展现四种完整的极简主义方法，包括它们的历史背景、实际应用和可能产生的弊端。你可以取其精华，创造适合自己的极简生活。

这四种方法如下：

◆日本KonMari收纳法

◆日本侘寂法

◆瑞典Lagom 生活法

◆丹麦Hygge生活法

[目录] Contents

我下定决心，过极简生活

我小时候生活在罗马尼亚的一个小村庄，由祖父母养大。那个小村庄只有不到500个村民，村庄有近500年的历史。

我最早的记忆可以追溯到1991年。回想过去，尽管当时局势错综复杂，但那时的生活简单而自然。每个人在村里都有事做。村里有个牧人，叫米沙（Misha），他每天早晨把村子里的牛和羊赶到田野上，晚上再把它们赶回来。他只需领着它们通过主街道，所有的牲畜都知道该在哪里转弯，该走哪条小路回家。

村里还有“新闻播报员”杰尼（Jani），他白天在村子周围搜集消息。每天中午12点，他都准时带着鼓出现在主广场，和聚集在那里的人们分享重大新闻。我还记得他在大声说出新闻前打出的鼓点。大多数情况下不会有什么大事发生，所谓的“新闻”大概都是这样：“注意！威斯太太（Mrs. Weiss）的橘色斑纹猫傍晚失踪了，任何找到猫并安全送回的人将获得威斯太太一周的免费鲜奶配送！”

村里有一些吉卜赛人，村民们会雇用吉卜赛男子帮忙打理花园或耕种，吉卜赛女人则找一些和家务活相关的工作。村里有教师（例如我的祖父母）、商店老板、酒吧老板、医生、警官，也有铁匠、面包师、裁缝、鞋匠和从事其他古老职业的人。村里没有卖衣服和鞋子的小贩，而自从火车站被穷人们一点点拆毁后，没有车的人几乎没办法进城购置物品。

村里有个磨坊，人们在田地里种了农作物，然后定期给磨坊主定量的作物来研磨。人们在自己家的院子里种水果和蔬菜，几乎每家都有几只鸡、几头猪、一头牛和几匹马。大家养这些禽类并不是为了消遣、娱乐，而是为了在艰难的定量配给制度下生存。每人每周只能得到极少量的面粉、牛奶、盐和糖。大城市里没有农作物和畜牧副产品，所以生活物资出现了短缺。

20世纪90年代初，当地的商店几乎都是空的。在商店里，只能买到油、可可粉、一些必备的调料、一种叫“接力棒”的奇怪的熟巧克力和一种叫“膨化粒”的咸味膨化小麦。对了，夏天还有一种非常普通的冰激凌，只有香草味和巧克力味两种味道。能买到的就只有这些了。人们都没什么钱，即使有，也没法在商店里买到太多东西。

这就是我童年早期的生活环境。在你看来，这与现在相比可能显得既贫乏又无聊，但是对当时的我来说，这是一种伟大的探险生活。我祖母做的新鲜果酱、每周日的美味鸡肉、从树上刚摘下的葡萄和苹果、夏天与吉卜赛人在一起洗毯子、唱着歌随着韵律踩水玩，都是些美好的记忆。拥有这样的童年，我觉得非常的幸运。

让我们快进26年。现在我们生活在消费主义的时代。这是“黑色星期五”大促销、H&M和快餐的时代。所有事物都在高速运转。幸运的是，我渐渐适应了这种生活，如果时间机器让我一下子从1991年的罗马尼亚穿越到2017年的美国，我很有可能会在路上遇到一辆特斯拉，这辆车能预判车祸即将发生并做出躲避反应，而我却因受到惊吓而死。

当然，比起以前，我们大多数人都拥有了更多资源，但是我们会因此更开心吗？为了知道这个问题的答案，我找到了以下研究结论。

心理学博士大卫·G.梅尔斯（David G. Myers）在其发表在《美国心理学家》（*American Psychologist*）杂志（第55卷第1期）的文章中

这样描述："与他们的祖父母相比，现在的年轻人在成长过程中更富裕，但幸福感更少，他们有更高的抑郁风险和各种各样的社交障碍。"美国心理学会（American Psychological Association）的调查显示：过去40年里，我们的物质生活有了巨大改善，但主观幸福感增长很少。

2004年的消费调查显示：美国人均拥有的汽车数量和吃掉的食物是1957年的两倍，拥有的奢侈品数量也远多于以前，但是幸福感和满足感却降低了。

为什么呢？

因为现在的消费并不是简单地购买必需品和一些你不需要但喜欢的东西，而是为了买东西而买东西。人们试着用买来的东西定义自己。人们认为"买买买"给了他们社会地位、他人的尊重和绝对的情感联系。心理学博士玛莎·瑞琪

（Marsha Richins）的调查证明了人们对他们所购买的东西有着不切实际的期望。“他们认为拥有这些东西可以改变他们的生活。”瑞琪说。例如，父亲们认为拥有一个游泳池可以改善和女儿的关系。美国心理学会也分享过这个案例。

美国心理学会发表了一项关于是否更多的钱等于更多的幸福的研究。2003年11月，《心理科学》（*Psychological Science*）杂志发表了一个调查报告，该报告由伊利诺伊大学厄巴纳—香槟分校（University of Illinois at Urbana-Champaign）心理学博士卡罗·尼克森（Carol Nickerson）、密歇根大学（University of Michigan）心理学博士诺伯特·施瓦兹（Norbert Schwarz）和普林斯顿大学（Princeton University）心理学博士丹尼尔·卡尼曼（Daniel Kahnemann）三人共同完成。他们调查了近12 000个曾经在20世纪70年代上过精英大学的人。他们提出的问题是，你有多重视物质主义和物质商品?

研究结果发现，20年后，那些最初有着物质主义价值观的人的幸福感和满足感比那些有非物质主义价值观的人更低。然而，当看重物质的人的收入增加时，他们的生活满足感也会改善。

所以，钱究竟买得到幸福吗? 在匈牙利有这样一句俗语：钱买不来幸福，但有钱挺好的。如果人们不需要担心下个月的煤气费，心里确实会平静些。

美国心理学会发表了另一项研究来证明，如果一个人有着矛盾的价值观，那么与消费有关的不幸福感更容易发生。詹姆斯·E.布鲁（James E. Burroughs）博士是弗吉尼亚大学麦金泰尔商学院（University of Virginia's McIntire

School of Commerce）及威斯康星大学的林德弗利什学院（University of Wisconsin's Rindfleisch）的助理教授，他认为人们在物质目标和期望与价值观有冲突时会承受巨大的压力。一个人对物质的要求越高、社交野心越大，他们就越不开心。

有趣的是，那些对物质野心小、对社交野心大，或是低社交野心和高物质野心的人，以及对这两方面要求都不高的人，也表现出同样的不幸福感，但是他们的压力要小些。

布鲁的调查结果显示，对物质持不同观点的人对生活满意度差别不大。“物质并没有好坏之分，”布鲁说道，“问题在于物质在人们生活中的角色和地位。”

就像电影《加勒比海盗》中杰克·斯派洛（Jack Sparrow）船长说的一样：“问题本身并

不是问题，你对待问题的态度才是。”对于消费主义和物质主义来说，问题的关键是人们在情感和财务上的不安全感。这种不安全感又被大众传媒放大了。

你想要拥有更好的车和比邻居家更翠绿的草坪，还要变得更瘦，拥有“维密天使”那样的身材……顺便说一句，如果你看起来不像休·杰克曼（Hugh Jackman），就别指望和“维密天使”在一起了。新的时尚很酷，每次聚会都穿新衣服很酷，在潮流餐厅吃饭或是健完身拍照发到社交媒体上很酷……要像个脱口秀演员一样风趣幽默，要和埃隆·马斯克（Elon Musk）一样聪明、有创意和富有……我们在每个领域都有自己的偶像。大众传媒通过广告展示完美，如果我们没有达到这些理想的状态，我们就是不完美的，就会感到渺小和不开心。他们不停地发布完美产品来“帮助”我们达到理想的状态，因此我们不断地为这些想法和商品买单。

购物带来的幸福感和光荣感通常没等我们从商场回到家就消失了。当购物的兴奋感消失后，我们就会发现即使穿上了维密的内衣，我们依然不是“天使”，买一罐蛋白质粉也不会让我们成为休·杰克曼。在2015年到El Celler de Can Roca（位于西班牙赫罗纳的2015年世界最佳餐厅）吃饭不会让我们变得更酷，因为意大利摩德纳的Osteria Francescana是2016年世界最佳餐厅，所以到那里吃饭才更酷啊。

总会有更大的车、更高级的餐厅、更时尚的衣服、更新的手机。物质买不来性格，在与邻居的竞争中，我们把自己家中塞满无用的、不必要的商品。我们不经思考地花钱去买那些我们并不想要的东西，来讨好那些我们并不喜欢的人。

追求物质、喜欢购物并没有什么错。然而，毋庸置疑的是，如果这些欲望出自不安全感，也就是因为别人认为自己缺少所以才购买，这样的消费不会带来幸福感。

现在，商品比以前更容易买到了。你只需花3美元就可以买件新T恤，甚至每天都可以买一件，如果你愿意的话。我父亲年轻的时候一年才买三件衬衫——那时的衬衫没有那么多，价格更昂贵，质量也更好。

现在的生活不仅节奏快，东西更换的速度也快。几十年前我们可以把东西分为两类：消耗品和非消耗品。消耗品可以保存几天（水果、蔬菜），最多一年或两年（衣服、化妆品）；非消耗品可以使用10年、20年甚至是一辈子（车、房子、表、家具等）。现在的市场的最大陷阱就是慢慢地把非消耗品转化为消耗品，并且让我们认为这是为了我们自己好。每两年换一次车，换掉你的小公寓，搬到更好的社区，买更多的表来搭配你的衣服，经常重新装修你的家。如果你不用背上一辈子的债就负担得起这些，那这样做也没什么不好。但是大多数人并没有这个能力，这给他们带来了沮丧感、痛苦和低人一等的感觉。

这种消费热的另一个副作用是它建立起的信仰。在银行广告中，搬进新家的人开开心心，没搬进新家的人悲悲戚戚。在洗发水广告中，所有人都喜欢发质好的人，发质不好的人都被无视。穿着时尚的人被羡慕，而穿着不时尚的人则不受欢迎。

谁不想开心、被爱和酷炫呢？所以我们不停地“买买买”。有些东西我们根本不用，有些衣服我们根本不穿，只是放在那里积灰，拿起来的时候只会被灰尘呛到。这种过度消费持续蔓延，不仅给我们的灵魂带来了伤害，在其他方面也带来了巨大的损失。跨国公司对发展中国家廉价劳动力的榨取越来越普遍，因为跨国公司降低成本、提高利润的最好方式就是压榨工人。你是否知道当你看到你的衬衫上写着“孟加拉制造”的时候，制造衬衫的公司只支付了大概30美分的成本？而孟加拉制衣工人每小时的工资只有24美分。

环境也因为制造产生的大量废料而被污染。Netflix（译者注：美国流媒体平台）有一部纪录片《真正的代价》，说的就是大型制造业、消费及其“副作用”。我认为每个人都应该看一看这部纪录片，不是说看了就能完全改变一个人的习惯，但至少每个人都应该对这个问题有所认识和了解。

日式整理法

历史和传统

当说到有秩序、干净、整洁，第一个出现在你脑海中的国家是哪个？可能大多数人的答案会是日本。我打赌这不仅仅是因为近藤麻理惠（Marie Kondo）的畅销书《怦然心动的人生整理魔法》（*The Life-Changing Magic of Tidying Up*）。与其说这本书传播了这种印象，不如说这本书是日本在收纳整理方面良好名声的产物。这种名声起源于很久以前，比欧洲进入文明时代还要久远，甚至可以追溯到中世纪之前。

3世纪的中国史料里可以找到日本人干净、整洁的记录。16世纪，葡萄牙人第一次到达日本海岸并开始在长崎进行贸易，他们在回忆录里也称赞日本人非常整洁。

出于很多种原因，日本的洁净度并不令人惊讶。最为重要的一点，日本是一个岛国，因而对其国民而言，防止疾病传播至关重要。讲卫生的习惯能保障日本国民的健康，能减少与流行病接触的机会，因为在最糟糕的情况下，流行病可能会夺走全岛居民的生命。另外，日本夏天的气候较为潮湿，易受诸多自然灾害影响，这也使得日本国民在卫生方面较为谨慎。

除了合理的安全预防措施外，宗教在日本的清洁习惯中也起着重要作用。在日本的两大主要宗教——佛教和神道教中，沐浴都是重要的组成部分。日本人将洁净和善良关联，将肮脏与邪恶关联。直到今天，神道教还保留了净化仪式。人们在祈祷之前洗手，因为神明无处不在，所以人们必须清洁自己，方可祈祷。在17世纪公共浴室开始广泛使用之前，佛教寺庙让不太富裕的人有了沐浴的可能。

在17世纪的日本江户时代，公共浴室（钱汤）开始普及。1591年，大阪和江户（现在的东京）首次出现了公共浴室。到了1868年明治维新时期，仅在东京就有至少600个钱汤。到1960年，全日本有23 000多个钱汤。钱汤相当于古罗马的浴室，是人们聚集在一起闲聊、交换意见和做生意的地方。

如今，日本国民的家中基本上都有浴室，然而，东京仍然有1 650家钱汤还在营业。它们其中的一些为了适应现代游客的需要，开发了特色服务，如丛林景观、樱花装饰和其他娱乐活动。既然几乎每家每户都有浴室，日本人就更讲究卫生了。在对沐浴的要求方面，外国人完全比不上日本人。因此，日本人经常认为外国人不那么注意卫生。

日式家庭整理风格

几十年来，日本人对家庭卫生和环境卫生的认真程度与他们对身体卫生的认真程度一样。在餐厅、茶馆甚至KTV，服务员都会在客人刚到达时、每次进餐过后及每次回到休息室时递给客人一片热毛巾。

通过《最后的武士》（*The Last Samurai*）、《艺伎回忆录》（*Memoirs of a Geisha*）等电影，哪怕不太了解日本文化的人都知道进入一个日本人的家中，首先需要脱掉自己的鞋子。甚至连猫和狗进入房子前都需要清洗四肢（许多日本人每天都给自己的宠物洗澡，或用消毒溶液刷刷毛。这是我的日本朋友Ikko告诉我的）。

日本人的房屋结构非常简单，没有很多家具，但是有很多储存用具，使得一切都得到了完美的整理和收纳。对一个日本人来说，家里乱糟糟的会让他们感到非常羞耻。要是我的朋友看到我的公寓有点乱，我会有点不好意思。但是日本人的耻辱感可比这要严重得多。

日本人的房屋面积不大。因为日本是个岛国，有自然地域的限制，且人口众多。普通日本人的家不像美国人的家空间那么大。房子空间小，拥有一套完善的储存系统来保持整洁就很重要。在日本，住宅区里没有那么多人行道，因此人们用传统的（或常见的）屋顶型闸门来分割公共空间和私人空间。

由于多雨，日本的房子大多有一个台阶式的入口。日本的潮湿度会在每年六七月达到顶峰。所以，日本建筑的设计初衷是让房子更通风。

日式房屋的室外和室内之间有一个过渡区，人们可以在那里换上拖鞋。在踩上榻榻米之前，他们还会脱掉拖鞋。

日式房屋的建筑材料大部分是木头，木头的表面没有被粉刷过，原木色的家具和装饰让房间符合极简主义的风格。榻榻米地面在富裕的家庭更加普及，因为井草（一种用来制作榻榻米的草）比较贵。榻榻米地板冬暖夏凉。

日本人的传统床铺——蒲团——白天通常都放在柜子里，这样让他们的房间可以有多种用途。他们既可以把房间当作客厅，也可以当作卧室，这取决于时间。

日本人装饰墙体用的艺术品（例如画）一般为单色，几笔简单的线条就可以勾勒出山川和森林。与色彩艳丽、表现直接的西方艺术相反，日本的艺术更低调，日本人讲究的是神韵。美感和审美价值来自感觉而不是逻辑。换句话说，他们认为一些东西美是因为他们感觉它美，而不是在逻辑上认为它美。日本人的审美很主观。

想要更好地了解一个国家的国民性，最好了解一下当地人的习惯、民间故事和日常生活。我读过几个日本民间故事，其共同点是描绘了两种美：视觉美和情感美。他们的民间故事通常突出强调季节的美丽，同时深入刻画男女主人公的情感世界。

日本有一个著名的民间故事叫作《丛林莺和房子》。故事讲的是一个伐木工在茂密的梅花林中迷路了，走了好久，发现了一幢美丽的房子，房子里还住着一个美丽的女人。伐木工问她能否让他留宿一晚，她同意让伐木工留宿，但条件是在她因事离开的这段时间里伐木工不可以偷看其他房间，伐木工答应了。然而，伐木工没能信守承诺，偷看了其他房间，他发现每个房间都有一套精美的家具和描绘四季的画。在最后一个房间，他找到了三枚蛋，他拿起这三枚蛋，一不小心把它们摔在了地上。

就在这时那个女人回来了，她看到了摔碎的蛋后，开始悲伤地哭泣并变成了一只丛林莺，悲痛地歌唱她失去的孩子。当她飞走后，漂亮房子消失了，伐木工发现自己回到了田地里。

一方面，我们能感受到故事对梅花林的优美描写和对四季美丽风景的描绘。丛林莺的出现使这个民间故事给人带来的视觉美感达到了顶峰。另一方面，我们也可以感受到这个故事的情感之美：女人的耐心、热情和宽容。她没有向杀害自己的孩子的凶手复仇。可能自我暴露带来的耻辱要比怒气更大。这个故事表现了在古代日本人们是多么注重女性的耻辱感和耐心。

暴露本性（例如被看到自己的家不够干净），或者爱出风头，或者其他出格的因素所带来的耻辱感在日本仍然很强烈。这也是日本人更喜欢内敛、简单的设计风格，而不喜欢浮夸的设计风格的原因。

日式整理法，或者说日式极简主义有另一个重要的决定因素。这个因素不是一个可见的实体，而是一种内在的品格——谦逊。在日本，这是良好行为的重要组成部分。日本人也在他们的生活中展现了这种特质，就算是很富裕的人在生活中也很谦虚。日本有句俗语描述这种品行：“锤打出头钉。”这句话的意思是，如果一个人过分炫耀他的能力，他就会被其他的人推倒。这句俗语还反映了日本人的集体意识。然而，年轻一代的日本人越来越不尊重老传统了。

随着明治维新和“二战”结束，日本在文化上比以前更开放了，并开始紧跟西方的潮流。人们开始穿牛仔裤（现在，他们的传统和服只有在特殊场合和仪式上才会穿）、听摇滚、吃快餐和睡在床上，甚至会用刀叉吃饭。西方的生活方式逐渐被接受，尤其在盟军占领时期。虽然他们的卫生习惯在我们看来仍然十分严格，但比起江户时期，他们已经改变了很多，现在日本人越来越热衷于西方的习惯。

我们可能会问自己，在哪里能找到原始日本文化的深刻美感？就像其他国家的人一样，日本人也在改变，他们的习惯、艺术偏好和房子的装修风格正在紧跟最新的潮流，人们愿意探索更多的可能。

我认为，在评价一个国家的生活方式之前，了解这个国家的历史很重要，即使你只是想借鉴他们生活习惯的一小部分。对于你想掌握的任何事情，了解其背景能帮助你更好地理解事情本身。如果你能了解一个习惯为什么重要，你就会更加严肃、认真地对待它。了解一件事的历史也能给你更新的视角。当你知道这个习惯如何起源、为什么起源并且深入思考它，你将想出改变这个习惯的方法。

最后，了解历史背景能让你不那么挑剔。如果你愿意客观地看待另外一个国家的习惯，不掺杂自己国家的观念，你会认识到这个国家的习惯有它的道理。试着让自己从那个国家的角度来思考，并接受他们的信条和规矩。这样做，你会发现如果你在他们的环境中长大，你就能理解他们的行为了。不管你来自哪里，将国家的偏见先放在一旁，想象你就是日本人。多了解关于日本人的知识，看一些相关的电影，听传统的日本音乐。如果你想要用日本人的方式简化你的生活，那么将你自己变得有点像日本人会更有趣和简单。

为什么这么做？因为这样你就不会有“我们和他们”的感觉，从而会更乐于接受。选择适合你的习惯和你希望的生活方式，排除其他的一切，尽可能保持开放的态度。以日本人的方式生活，你不需要完全变成日本人，但若是带着偏见看待这种生活方式，就会模糊你客观的态度，可能不利于你取其精华并按照自己的品位去改善它。

我说的“选择适合你的习惯”是什么意思呢？例如，如果你住在加利福尼亚，你很有可能用不上台阶式的入口，也不需要加高地板和天花板，因为那里很少下雨。如果你喜欢的话，你可以选择以榻榻米为代表的日式装修风格。你可以表现得更平静，如果你觉得这样更随心。从文化和组织的方面选择你喜欢的部分，加以改造，使之更适合你的生活方式。这是你的生活，你应该尽可能让自己开心。

接受其他国家的传统并不简单，下面我会分享一些我在日本的个人经历。

我拜访了一个住在大阪的好朋友。我们去吃早饭，通常我吃得很清淡，例如酸奶。从小时候起，我打开酸奶时就会舔盖子上的酸奶。我成长在一个挺贫穷的环境，在盖子上留下那么多酸奶，在我看来是很大的浪费。我舔完了盖子，然后开始心满意足地吃酸奶。我发现坐在我旁边的人满脸嫌弃地看着我。直到朋友提醒我，我才意识到我刚才做的事在日本是非常不卫生且不礼貌的。我感到有些尴尬。虽然在家的时候没人会介意这种事，但是客观来看，我是一个成年女人，却像小孩子一样舔酸奶盖子，确实欠考虑。然而，我忍不住想象他们看到我吃完努特拉薄饼后舔盘子的样子会怎样评价我。

另一件事是在我和朋友还有一些日本同事出去吃晚饭时发生的。我们吃了些沙拉、天妇罗、米饭和味噌汤。最后，为了方便服务员收拾，我想把我们的盘子叠放在一起。这时一个日本同事轻轻地挥了挥手，阻止了我。原来，把脏盘子叠放在一起很不礼貌。一方面，我因为插手了服务员的工作而冒犯了她；另一方面，这样做不卫生。这些盘子不管怎样都是要洗的，所以我有些迷惑。但是当我试着在家不叠放脏盘子的时候，我很开心，因为不用刷盘子另一面的油污了。

在日本，尤其是在潮湿的季节，人们总带着

手绢来擦掉自己的汗水。他们有专门擦脸和脖子的手绢，还有专门擦腋下和身体其他地方的手绢。一开始，我很吃惊地看着他们小心地擦干自己的腋下，后来我决定试一下这种做法。我觉得在这个世界上只有在日本这样做才不会尴尬。结果你猜怎么样？我爱上了这种做法。我不再需要与我的汗水抗争，我觉得好极了。不管在哪里，我都用电影《泰坦尼克号》（*Titanic*）里凯特和莱昂纳多的经典姿势擦干我的腋下。我买了十条日式手绢送给我的朋友们，跟全世界分享我的新发现。现在，我们成了在大街上拿着樱花图案的手绢自豪地擦干我们的腋下的奇怪白人，我们可以穿着丝绸衬衫而不用担心会留下汗水的痕迹。

关于我在日本了解到的故事和奇怪的习惯，我可以写一本书，但是我知道你们等不及要了解断舍离和收纳法了。接下来我将重点介绍KonMari收纳法和侘寂法。我会尽可能详细地提供实用的工具来改善你的收纳技巧。如果你需要更多的信息，或是想要更深入地了解这两种方法，我建议你多阅读相关书籍。

KonMari 收纳法

近藤麻理惠在美国大受欢迎，我一直在思考这是为什么。为什么美国这个最爱消费、物质主义至上的国家会迷上断舍离？让我们面对现实吧，美国人关心的都是更大的空间、更大的车、更丰盛的食物和更多的物质。究竟为什么一种严格淘汰东西的方法会在这里流行呢？

我想出的答案是因为他们拥有过多的物质，

多到几乎让他们感到窒息。美国是个福利国家，近几十年大部分人都没有经历过像我们国家那样的深度贫穷。所以，美国人通常不会对他们的东西有强烈的依赖感。

对那些成长过程中一无所有的东欧人来说，丢弃他们好不容易得到的东西是非常愚蠢的，我可以强烈感受到我父母和他们同龄人的这种想法，对我的祖父母来说更是如此。对于那些经历过物质贫乏的人来说，囤积东西能给他们带来安全感。

我的祖父不允许我丢掉塑料瓶子和酸奶杯，因为我们需要用瓶子在地窖里偷偷种植蔬菜。因为经历了物质贫乏的年代，祖父还会用铁栅栏和单独的仓库来储存他收集的瓶子，因为他想保证家里有西红柿吃，“西红柿安全”可不是开玩笑的。

经过一番思考，我认为美国是开始收纳运动

的最佳地点。用“运动”这个词丝毫不过分，在美国，成千上万的人决定动手清理他们的生活。他们有开放的态度和持续改变的想法。一点点日式的极简主义，一点点对美好生活的美式愿景，再加上好的市场营销和精挑细选的问题，迎合对解决问题的需求。嘭！畅销书的所有条件都具备了。近藤麻理惠的《怦然心动的人生整理魔法》一书被翻译成多种语言，包括英语和中文，在全世界30多个国家都能买到。

谁是近藤麻理惠？

她是日本的收纳整理师和畅销书作家。她在2015年被《时代周刊》（*Time*）杂志评为全球100个最有影响力的人物之一。在了解了她早年的生活后，我认为她是那种天生就在某一领域拥有天赋的天才，这个领域就是收纳整理。她很小的时候就痴迷于整理。小学时，当同学们都在外面玩的时候，她在教室里整理书架。她还把家里也收拾得井井有条。

有一天她发现自己太专注于丢东西了，她意识到简单地扔掉东西并不能让自己和他人真正开心，所以她改变了看问题的角度。从那时起，她专注于她想留住的东西，那些可以激起她内心“快乐的火花”的东西（即让我们感到开心并产生强烈情感联系的东西）应该留着，其他的都应该扔掉。

这就是KonMari收纳法的精髓。首先，我们要聚集起所有的东西，每次选择一个范畴，我们必须选出并留下那些有“快乐的火花”的东西；其次，我们需要为它们选择一个地方并把它们放在那个地方。

KonMari收纳法基本上完美地反映了我在前面告诉过你们的古老的日式精神。他们的美感和对艺术（包括收纳艺术）的看法是主观的，不合乎逻辑，而是基于情感。“快乐的火花”在我看来是现代人对这种古老的日式精神的翻译。

KonMari收纳法的目的不是把你房子里的东西减少到一百件以下，也不是把东西统统扔掉或捐掉。它的目的是建立起一个环境，让你被你爱的东西围绕着。

在近藤麻理惠的书里有一些规则，有些步骤必须按照一定的顺序执行。我们在断舍离的时候有两项任务：丢弃东西，为剩下的东西找空间。要按照这样的顺序来整理。你应该先把不需要和不喜欢的东西全部扔掉，再开始整理。为什么要这样做呢？如果丢得不够快和彻底，我们就不会感觉到改变，我们会疲于对抗杂乱，而没有明显的改善，最后半途而废。就近藤麻理惠的经验来看，一个“快速的丢弃期”应该在6个月左右。如果你拥有的东西比较少，并且你能做到很快地和你的东西说再见，那么这段时间还可以大大缩短。然而，在你没有完成断舍离之前，不要去想剩下的东西应该放在哪里。

另一个在你开始丢弃东西之前的重要步骤是弄清楚你想通过断舍离达到什么目标。“我不想屋子里这么乱”的目标不够强烈，“我想要生活在一个有干净地板的房子里，只有一点装饰，例如蜡烛、我最喜欢的书和一些植物。我的卧室应该像酒店的房间一样，我想要我的床成为整个房子里最舒服的地方，有记忆枕和软绵绵的毯子。我还想让我的床单和窗帘配套。我的浴室里要摆放蜡烛和熏香。我想把我所有的东西收纳在不透明的抽屉和衣柜里。我能看见的东西越少越好。

我希望整个家里都干干净净的。”这才是清晰的目标和充满细节的想象。有了这个，你就会知道应该丢掉哪些东西、保留哪些东西来实现这个目标。关于目标，你想得越多，就越容易认识到“丢弃或保留的核心都是为了让你自己感到快乐”。

近藤麻理惠倡导种类整理法而不是地点整理法。例如，衣物和家用电器，而不是卧室和厨房。这样，你就能避免保留两样相同的东西。比如，你在厨房的抽屉里有一把剪刀，在书房的抽屉里也有一把。如果你逐个房间整理，可能会忽略你有两把一样的剪刀的事实，那你就达不到想象中的深度清洁。

怎样在“快乐的火花”的帮助下丢掉东西呢？方法就是选择一个种类的东西，将它们集中在一个地方。拿起每一件东西问自己，“这个东西闪耀着‘快乐的火花’吗？”“这个东西使我开心吗？”一开始可能听起来很奇怪，而且这也不是一件速成的事，但是你不需要一天之内完成这个过程。通过练习，你就会形成一种习惯。被你所喜爱的东西包围着，学会随时丢掉不喜欢的东西，这种练习十分重要。专注于你所拥有的和你喜爱的东西，这是重点。物质应该使你感到开心、满足和感激。和做其他事情一样，如果你在整理时很消极，纠结于自己的损失，那就会影响你的心情。

首先，你要丢弃不好用的东西（坏了的、过期的、无用的东西）。这应该很简单，困难的部分是丢弃还可以用的、有情感和信息价值的东西，尤其是如果这些东西有着无法取代的意义。近藤麻理惠建议从衣物类开始整理，这是最好的选择，因为衣服可以被轻易取代。而且，快速而简单地完成第一步能给接下来的过程热身，当你做下一个困难的决定时就会容易些。

在断舍离的过程中，你不可避免地会遇到那些让你不开心的东西，你清楚地知道它们是没用的（或至少你不用），但是你仍然不舍得丢掉它们。你的做法可能合情合理，比如你觉得之后有可能会用到，或是这个东西很贵，或是当你表妹长大了可以送给她。你的大脑在思考你应该留下这个东西的理由时非常狡猾。当你遇到这种东西的时候，近藤麻理惠的建议是回想你买这件东西时的感觉。你当时开心吗？你是否认为这个东西很酷，但是却从来不用它？现在的情况是怎样的呢？例如，你的风格可能已经改变了，所以你不再需要粉色的衬衫；或者你变成了素食者，所以你不再需要《1001种肉的做法》（*1001 Best Meat Dishes*）这本食谱书。你要认识到这些东西已经完成了它在你生活中的角色——至少它让你知道了你不适合这些东西。这可以引导你，让你认识到哪些风格已经不再适合你，哪些食物你不应该再去烹饪。感谢这个东西曾带给你的服务，然后放弃它。可能街角肉店的吉姆会喜欢你的那本烹饪书呢。

近藤麻理惠推荐的练习对整理衣柜来说十分有效。大部分女性对衣服都有不理性的情结，“这件衣服是我丈夫买的”“这件衣服很贵呢”“我要是瘦几斤穿这件衣服会很好看”，等等。我们不停地用不穿的衣服填满空间。在我的上一本书《越整理越轻松》中，我介绍了丢弃东西的最好方法，你可以在那本书的第三章中读到。

现在，对于怎样收纳断舍离后留下的衣物，我将介绍近藤麻理惠的最佳小贴士。在丢掉那些缺乏“快乐的火花”的衣服后，为每件衣服找到存放的位置，避免再次变得混乱，这非常重要。

在很多情况下，人们丢弃了一卡车的东西，只是为了给剩下的杂物腾出空间。聪明的、易叠放的、整洁的存储对于囤积行为来说更像是威胁而不是帮助。我们的目标不是聪明地储存上千件杂物，而是只拥有必要的、心爱的东西，并保证它们存放的位置易拿易放。

近藤麻理惠鼓励人们学习良好的折叠技巧，而不是随意将衣服放在抽屉里。这些衣服应该叠得整整齐齐，这样做基于多种原因。首先，衣服被整齐地折叠，褶皱就少；其次，折叠可以节省空间；最后，衣服为你服务，而折叠让衣服享受到了应有的尊重。通过好好折叠每件衣服，你会表现出对衣服的感激，这是正确对待它们的方式。

如果你读过近藤麻理惠的《怦然心动的人生整理魔法》，你可能已经发现她对物品怀有极大的尊重。她总结出的断舍离和收纳法都饱含对服务于我们的物品的感激和尊敬。这种谦卑、崇敬的态度印证了我在前文中提到的日本人的态度。

西方文化不会给予物品这样的尊敬。对我们来说可能很难理解，既然物品没有感觉，为什么要尊重它们？我认为，对物品表现出尊重、欣赏和感激实际上是为了让我们自己开心。我们感激的越多，就会越开心、越满足。有人曾经跟我说，如果你心存感激，你就不会感到有所缺失。如果你感谢你所拥有的，并祝福那些你丢掉的东西，你就不会再感到匮乏。

对我来说，这是从近藤麻理惠的书中可以学到的最伟大的道理：对你拥有的东西心存感激并祝福它们，好好对待它们。以友善的态度对待你周围的事物，也以同样的态度对待你自己。

KonMari 收纳法的弊端

当我们想要把一种新的习惯带入我们的生活时，明智的做法是听听反对这个习惯的声音。事物永远不可能黑白分明，了解对立的观点可以帮助我们建立一个合理的期待。

如果有强大的意志力和执行力，KonMari收纳法是非常简洁、周到、易于操作的。然而，不是所有人都适合这个方法。

我出身于一个曾在战争时期失去过所有东西的家庭。通过我的祖父母和父母的经历，我知道对于有些人来说，舍弃东西不像对我这个没经历过重大损失的人来说那么简单。

我的祖父母通过囤积东西来应对他们曾经在战争时期经历的创伤。他们都成了囤积者，每周四去村里的跳蚤市场购买“困难时期”用得到的小东西。他们保存一切，比如收据和酸奶罐子等。

我妈妈要更实际一些，但是跟他们也没多大区别。即使是现在，每当她领了退休工资，第一件事就是补充我们的食物储存——罐装食品，冰箱里放10条面包，地窖里储存好多桶纯净水——就好像在为世界末日做准备。我不停地告诉她接下来的30天不会发生任何坏事，但是她不愿意听。囤积食物，这让她感到安全。

我们家不是唯一有这种思想的家庭，曾失去过一切的人们不觉得断舍离很有吸引力。这些东西对他们来说有不同的意义——每件东西都是自由的象征和他们经历过的艰难岁月的证明。他们曾经需要决定每一样东西是否是生存下来的必需品，而非是否有“快乐的火花”，对他们而言，极简主义的概念不免有些荒唐和无礼。

我记得，去年我趁我爸爸不在家扔掉了他收藏的报纸。他囤积报纸将近10年了，这些报纸在我们的储存室里从地板堆到天花板，有足足三大摞。它们开始发霉，而且布满灰尘。我当时很开心，终于扔掉了这些报纸。当我爸爸回到家看到我做的“好事”，他开始哭。我感到非常羞愧。那一天我学到了一个重要的教训，你不可以将断舍离、极简主义或是KonMari收纳法强加在每个人身上，有些人就是接受不了。

当然，对那些自信可以轻易扔掉东西的人来说，接受断舍离和极简主义很简单。这是一种信任的表现，他们相信，如果断舍离没有达到想要的结果，一切都可以恢复原样。如果我们确信舍弃一些东西不会有毁灭性的后果，把这些东西视作垃圾就很简单。而对那些知道失去所有东西是什么感受的人来说，轻佻地建议他们检查私人物品是否激起了幸福感的做法很失礼，甚至很愚蠢。

根据刚才描述的故事，我的结论是，KonMari收纳法的弊端是它似乎忽视了人性的一些方面，对失去的恐惧是一种不理智的情感烙印，而很多人都有这个烙印。

当然，不喜欢这样做的人就不应该这样做。有人不认为这个方法是改变人生的魔法，喜欢KonMari收纳法的人应该考虑这些人的感受。就像近藤麻理惠说的那样，一个人应该清洁好他自己的个人空间，树立一个好的榜样，而其他人可以自行决定是否效仿。

侘寂法

简约与优雅是日本美学价值观的主要特征。自古以来，这两个特征就是日本人生活的首要特点。传统的日本建筑外观优雅，内部空阔，着色自然而不重光泽，且无繁杂装饰。这些品质在日本的文学艺术中同样有所体现。而“侘寂”正是日语中表达这种美学特征的词语。

但是侘寂不能被直接概括为简约与优雅，它

所蕴含的特质更为深刻，几乎无法用西方语言中的词语和解释方法来定义。与许多源自日本文化的概念相仿，如果我们将侘寂置于自己的生活中，用感官去感受它，而非用头脑来思考它，就更容易理解这个概念。

我为什么会思考这些?

前往里斯本旅游时，我参观了当地的水族馆。馆内通常有两场展览，一场是长期的，一场是临时的。在参观完长期展览的种种奇妙景观后，我已经筋疲力尽，要再去看看临时展览，实在是勉为其难。可是，我觉得既然已经来了，还是应该去看看。我当时甚至不知道那个展览是什么内容，但既然是包含在票里的，我还是进入了展区。

那个展览展出的是日本的风景摄影师天野尚的遗作。他探访全球各地的丛林，并用相机记录下最壮观的风景。天野尚受自然界色彩斑斓、简单而又不尽完美的美丽所启发，开始设计并创建淡水水族馆，而后成为这一领域的国际大师。他的艺术作品被人称为“自然水族馆”。真正让他的作品独一无二的，是日本的园艺技巧与侘寂理念的结合。他的作品旨在重现大自然简单而有瑕疵的美感。天野尚坚信，近距离观察自然，发现它略带瑕疵的完美，能让我们更好地理解这个世界。而当我们更好地理解自然时，我们就能学会如何保护它。

展览很美，也令人感到惬意。仅仅是坐着，看着那些布置精美的水族箱，我已然进入冥想状态。坐在那里，看着鱼安然地在人造栖息地游动，足以让人平静。这些鱼没有抱怨，也不会觉得有哪里需要精简，它们不会因为拥有什么或缺少什么而感到不满。它们平和地接受并探索自己所拥有的一切：水族箱。

我们人类就幸运多了，我们有众多的选择。我们拥有很多，却又几乎不会停住脚步去想想自己已经拥有的东西。我们将大多数时间花在了自己还不曾拥有的东西上。我们争分夺秒，想要抓住未来，同时却任由珍贵的时光流逝。如果我们能投入一半的时间，用于感恩我们已拥有的东西，而不是祈求得到我们尚未拥有之物，我们的生活会比现在幸福得多。

我们总是纠结于生活中的不完美，而侘寂法教会我们去接受、去热爱并不完美的生活。侘寂法是恒久有效的思维精简方案。

侘寂究竟是什么？

从字面意义来看，“侘”是朴素的意思。这既是美学的观点，又是一种道德观念。关于这个概念的起源，可追溯到中世纪的隐士传统。这一切都在强调“一种简朴的美丽，一种宁静超然的心态，同时也引导人们享受宁静悠闲的生活，摆脱世俗的顾虑”（《旺文社古语辞典》，1988）。

“寂”则是年岁打磨之美。这个概念同样产生于中世纪。由于佛教的传播，“寂”开始有了美学的意义。人们开始改变他们对于衰老这种凄然状况的态度，并将其视为自然而然且可以接受的。

在古代，日本人用“侘”与“寂”这两个字来表达生活的困苦与心中的不满。随着禅宗佛教的传播，日本人逐渐转变了对这些概念的看法，并开始思考一些超越简朴存在的东西。

简而言之，“侘寂”是根植于禅宗之中的美学哲思。“无”的概念，正是禅宗的核心。这个概念在侘寂的演化过程中有着重要作用。禅宗所提及的“虚无”，并不是指缺少物象的状态，而是对于空阔的空间背后无形的存在的认同。“一切都存在于虚空之中：花朵，明月，美景。”（池野修、罗格·戴维斯，《日本人的心灵》）。

在镰仓时代的茶道仪式中，侘寂尤其受到重视。茶道仪式属于朴素与纯净的仪式。茶盛在手工制成的碗具中，大师们珍视那些形状不规则或带着不均匀釉面甚至有裂缝的碗具，欣赏其略带缺陷的美丽。这些碗具的瑕疵与裂纹，不但没有被忽视，反而得到了重视。

想象一下，如果能够学着去欣赏生活中的瑕疵与缝隙，你的生活会是怎样？我猜，那一定是美丽的人生。日式的美学哲理是主观的，是建立于个人感觉之上的。这种美学观念能够接受瑕疵，能包容与生俱来的不完美，因为正是这些特质让世间万物完整而真实。

我还发现了一个有趣的现象，那就是侘寂在日本江户时代的诗歌中扮演着重要的角色。世界知名的日本俳句就深受侘寂意韵的影响。松尾芭蕉大概称得上是江户时代最伟大的诗人，他是在自己的诗作中运用我们之前所探讨的“寂”这一意象的第一人。

在西方文化中，“简单朴素”有两种含义：一种是对头脑简单的蔑称，一种是指代刻意伪装、用以示人的完美生活。在西方文化中，激发自身的最优潜能并将自己的技能提升至娴熟阶段，乃至臻于完善之境，努力成为众人中最耀眼的一位，才是有价值的事情。对于西方人而言，要在一种对铁锈都予以重视的理念中寻求满足，实在是异乎寻常。

我们对完美上瘾。当我们买东西时，所见的关键词尽是“完美”“马上”“立即”“最优”“最佳”以及“畅销”等。我们大概永远不会买自称“不完美”“排名落后”或是标有“第四名”的商品。我们心知肚明，即使自称畅销的商品也不可能卖给地球上的七十多亿人。我们知道，“立即”这样的词作用是有限的，最终鲜见真正的提升。我们也都知道“完美”只不过是个主观说法，所以人们可以将任何事物标榜为“完美”。

而当观察不完美的事物时，我们会直接判断与评价。我们对于其中的不完美耿耿于怀，却忘记了这一事物整体的价值是远远大于其瑕疵的。作为一名作家，我经常收到这样的反馈："我没有读这本书，因为它有打字上的错误"，以及"这本书排印错误太多了，我实在没法认认真真读它"。我的书中的确有打字和排印错误。事实上，我读过的其他作者的书中，从头到尾没有出现这种错误的也没有几本。毕竟，作家也是人。我们的编辑也一样，都是普通人类。对于因为打字和排印错误而轻视我的书的读者，我并不会生气，这只是他们的选择。但在这种情况下，留给那些读者的是什么呢？因为一点小的失误，他们就会十分失望。那些读者选择不去读，而不是包涵这些小小的瑕疵，进而从书中发现可能对自己有益的思想。我并不是因为尖酸刻薄而说出这种话，世界上总会有喜欢我的书的人，也会有不喜欢我的书的人。我的评论只是一种建议，希望读者能够三思，以免无获而返。

当我们谈及房间、心情抑或是断舍离等问题时，也会出现相同的态度倾向：人们总是将糟糕的一面当作重点。恰恰是让人恼怒的事情造成了生活中的凌乱：人们总有想不通的事情，也会有人际关系中的问题。如果能够领会侘寂的精神，这些错误的焦点就可以被转移。

如何运用侘寂法整理房间？

侘寂风格的房间有一个独一无二的特点。房间里要有你喜欢而且很欣赏的物件。如果一件老家具对你来说很重要（例如，它能让你感到喜悦），但上面有划痕，还有你的孩子贴上去的小贴纸，那并不意味着这件家具的美或价值有所损失。请将你的关注点从缺陷上转移开来。当你产生“这件家具看着真上不了台面”这种想法时，倒不如转而想想“有划痕意味着这件家具已经是我们家的老成员了，而小贴纸则承载着关于孩子纯真可爱的幼年的记忆”。

你知道吗？日语中的“美”字，原本的意思是“被爱着”。

在侘寂理念中，手工制作的物件比主流市场产品要有价值得多。心怀爱意制作出的、外观笨拙的椅子，要比设计奢华、外观闪亮的工业流水线生产出来的椅子更有价值。侘寂理念推崇天然材料，诸如石、木、金属以及棉制品等，这些材料往往具有古雅以及纯朴之美。偏于自然的绿色、灰色、棕色以及其他大地色调的颜色营造出一种和谐、宁静的氛围。

请不要会错意。侘寂的理念并不是对于混乱的拥护。“在其背后，是思考与经营，而非疏忽或怠慢。”《朴素的不完美：重访侘寂之家》（*Simply Imperfect:Revisiting the Wabi-Sabi House*）的作者罗宾·格里格斯·劳伦斯（Robyn Griggs Lawrence）如是说。即使是最昂贵的“完美”家居装饰也可能会沦于混乱。如果不留心丢弃无用以及长年未被使用之物，就无法真正实现美。

通过这种侘寂的方法来整理自己的生活，能营造简单、质朴而自然的环境，让你感受到平静。将侘寂的观念与时下流行的KonMari收纳法相结合，可以打造振奋人心而又具有极简风格的环境，这也正是你所需要的。

如何运用侘寂法整理情绪？

根据侘寂的理念，世间并无完美之物，也无

已然完善之物，更无恒久不变之物。然而，也正是这一点，让我们这个不完美、不完善，以及变幻不息的世界有了美感。我们所追求的目标，应当是真正意义上的生活。侘寂的理念敦促我们重新思考生活中真正重要的是什么。在当下这个过度消费的世界，如果能够抛下不切实际的期许，我们的压力会更小，生活也会更加幸福。

如果想在侘寂理念中快速成长，你既需要整理周边环境，又需要整理情绪与精神。你可能会这样说："可是，我并不想以运用侘寂为目的来自我整理，恰恰相反，我是想用侘寂的方法来进行整理。"那你实在是很幸运，因为这套理念同时适用于这两个方向。

侘寂教导我们，要充分利用自己的感知功能，捕捉现下的点点滴滴。试着想一想必须通过感知来进行的生活，并努力将生活变成这样。

用双眼去观察四周的美好，用手指去触摸石头表面光滑的青苔，用耳朵去聆听河水不息的奔流声，用嘴巴去品味成熟的苹果的美味。深呼吸，捕捉躺在你身旁的心爱之人的气息。动用各种感官，充分投入每时每刻都在更新的生活。通过这种方式，你会发现身旁的万事万物都具有美感与赏心悦目之处。

尽量每天都进行这样的练习，为自己腾出五分钟，有意识地动用五官，按照上述方法，活在当下。但不要为此做太多计划或过度思虑——把自己交付于本能的感知就好。

现在就开始吧。读完这一段后，把书放下。现在的你，正活在当下。闭上双眼，深呼吸，感受自己的身体。放空一切思想，专注于自己此时此刻的呼吸。感受一下，能够活在世间，能够顺畅呼吸，这是多么幸福的事情。现在，感知四周的空间吧。你拥有自由。你和世界上的其他人一样，拥有眼前的富足。用心感受一下，你正是这无穷无尽的整体的一部分。虽然你仍然受到地球上时间与空间的束缚，但你归属于一个整体，这个整体永无止境，因而此刻的你也超越了时空的界限。只要你愿意，你可以一直保持这种冥想状态。

你还可以随时进入这种状态。让你的情绪从忧虑中放空，去除一切要将你拖回过去的痛楚，或是要将你推向未来的烦恼的事物。我明白，想要始终远离这些负面的想法是不可能的。但是，每天保持五到十分钟的无忧无虑状态，这是我们完全有可能做到的。进行冥想的场合并不重要，可以是自己家的客厅里，也可以是大自然中，还可以与你喜欢的某项活动同步进行。重要的是，要驱散杂念与烦忧，然后用自己的五官来寻找并欣然接受身边的美。你练习这一方法的次数越多，内在的侘寂力量就会愈发强大。每一次练习后，你都会感到更加清爽，更加实在。你也会开始真真切切地欣赏身边简单、质朴的美。

如何运用侘寂法处理人际关系？

当你学着运用侘寂法与不同的实体相处、使周边环境更为和谐，以及整理自己的情绪时，你会发现这些实践都需要不同的能量转化方式以及侧重方向。当你想要将侘寂的心境运用到处理人际关系上时，要知道这段关系的另一方也会有自己的想法、忧虑以及情绪，所以，运用侘寂法需要很多的耐心与清醒的意识。你与伴侣离得越近，你们彼此间也会更加坦诚，因而也更容易察觉对方的不完美之处。

按照阿里尔·福特（Arielle Ford）的观

点，侘寂法倡导我们“学着去承认、接受甚至是欣赏自己的伴侣的不足……在不完美中找寻完美”。阿里尔·福特是《侘寂之爱：用古法在不完美关系中找寻真爱》(*Wabi-Sabi Love:The Ancient Art of Finding Love in Imperfect Relationships*)一书的作者，引文是她对于侘寂在人际关系方面所产生的影响的总结。在书中，她强调，研究已经证实了一点，那就是：最幸福的夫妻们是那些关注二人关系中顺利合宜的一面、不因为小错误而耿耿于怀的人。如果你让自己的伴侣有了名副其实的良好声誉，那么你们的关系也会越来越好。

在与伴侣交往的过程中，运用侘寂的最佳方式是与彼此感同身受。不要刻薄无情，也不要太快对伴侣妄加判断。其中的道理和公共演讲一样：没有哪个演讲者会故意表现不佳，也没有哪位观众会期待着聆听一场极不成功的演讲。把这句话反过来说：所以演讲者都想要发挥出色，以取悦观众；全场观众也都希望演讲者能够取得成功。

将相同的方法运用到你的人际关系中吧。不要认为你的伴侣是故意表现出某些糟糕的行为，或大或小的差异让你们之间出现了不和谐的音符，这样的小插曲只不过是给你们的协奏旋律增添了一抹独特的色彩。凡事往好处想。想一想，你的伴侣希望成为最优秀的演讲者，但他或她也可能会紧张，毕竟，谁也不是天生的演讲家。我们都需要练习，仅此而已。

我们需要像一名“观众”一样，表现出自己的支持，给予对方长久而真诚的包容。对于我们的伴侣而言，悠长而亲密的拥抱远比轻轻拍一下肩膀的意义深刻得多。在心与心的层面上建立彼此间的联系。即使有哪里不对劲了，也别发火。转而想一想，自己怎样才能带着爱意继续幸福地生活下去。你们彼此身份相同，都同时扮演着演讲者与观众。你的伴侣可能会有自己的怪癖与不足，带着同情心与耐心，去对它们做出回应吧。

当代的侘寂

在如今的日本，侘寂的原意正在逐步退出历史舞台。有些人认为侘寂的原意已然彻底遗失，如今的人们已经无法像先辈一样理解这个词的精髓。如今的茶道仪式，已经不再像中世纪那样，由人们怀着心灵的准则来执行。现在的茶道仪式，更像是一种娱乐项目，其背后有深厚的物质主义动机——效仿过去的仪式能够吸引许多好奇的顾客。当今车水马龙、瞬息万变的世界充斥着各种不同的需求。比起宁静的沉思，人们更偏好喧闹而浮华的体验。效仿仪式是无法捕捉侘寂法的真谛的，但内心沉思冥想所产生的潜意识感知却能做到。

有些人出生时，物质主义尚不存在。对于这些人而言，在外部环境与内在自我间搭建这样一种衔接关系，势必更为容易。想要带着侘寂的古老内涵生活在当下，那几乎是不可能的了。如今，我们能尽最大努力做的，就是在尝试进行这种深奥的静心、内省的练习时，让自己短暂地脱离现实生活。

我们无法否认所处的客观环境，但我们可以将上述习惯与练习带入自己的生活中，以此来弱化如今的一些消极因素，譬如压力、肤浅以及过度消费的影响。

北欧式生活整理法

历史和传统

我在这里所说的“北欧”，是指欧洲的北部诸国。历史上，北欧或是“斯堪的纳维亚”这个概念所指的，具体包括挪威、瑞典、芬兰、丹麦以及冰岛。这些国家因为极简主义的生活与装饰风格而大放异彩，这一点与日本相似，但二者的理念却截然不同。为了让大家更好地理解北欧的极简主义，我大致讲解一下欧洲这片令人心驰神往的区域的历史和传统。

北欧国家的历史，最广为人知的当属维京时代。这一点还要归功于好莱坞的相关影视作品。793—1066年，是维京时代的巅峰时期。通常认为，维京时代的开端是793年。当时，海盗入侵者占领了英国林迪斯芳(Lindisfarne)的一座重要的岛屿修道院。维京时代的终结则可以追溯到1066年，这一年，挪威国王哈拉尔三世（Harald Ⅲ）在斯坦福桥战役（the Battle of Stamford Bridge）中被撒克逊国王哈罗德·葛温森（Harold Godwinson）击败。

作为现今的斯堪的纳维亚人的先祖，当年的那些战士有着强烈的探索精神。当时的社会是由男性主导的，但有趣的是，至少与同期的欧洲其他国家或是日本相比，维京时代的斯堪的纳维亚女性有着非同寻常的自由度。她们可以提出离婚，而在婚姻结束后，她们还可以收回自己的嫁妆。她们还可以拥有自己的土地，如果丈夫战死沙场，她们则会得到丈夫的所有财物，因而往往会成为生活富足的寡妇。

维京时代之后的几百年，北欧地区的历史就像欧洲其他国家一样，紧张、忙碌而又战火纷飞。北欧人曾被强迫信仰基督教，这一点与他们本土的北欧多神教相悖。北欧宗教十分强调战斗与荣耀，其中至高无上的荣耀是进入瓦尔哈拉殿堂，在那里神明会款待阵亡将士。1100—1600年，北欧人试图统一本地区，但由于内部的权力斗争，这一努力未能如愿。在16世纪，他们（几乎）一致信仰基督教路德宗。自17世纪始直到“二战”结束，北欧地区饱受战争摧残，其中包括三十年战争（1618—1648年）、大北方战争（1700—1721年）、拿破仑战争（1803—1815年）以及第一次世界大战和第二次世界大战。

然而，北欧克服了几百年间的种种困难，北欧国家已经成为今日欧洲福利最好的国家，同时，其中一些国家还坐拥欧洲大陆甚至是世界范围内最高的国内生产总值。北欧诸国所拥有的自然资源并不足以支撑他们取得如今的成就（其中的例外是挪威，其石油出口量数额巨大，其他国家只有冰天雪地的环境），那么他们是怎样取得当前的成就的？对于这些自然环境恶劣的国家而言，答案并不在教科书上，而是他们的生活态度。

正是由于这个原因，我想要进一步探究我们能从北欧文化中获得哪些智慧，用以提升我们的生存与生活质量。我会探索如何提升个人生活质量，也会谈一谈如何建立和谐的福利社会。

你知道吗？丹麦被誉为全球最幸福的国家。同时，瑞典是世界上税率最高的国家之一，税收占国内生产总值的一半左右，但是由于社会福利回报丰厚，人们普遍乐于支付高额税款（还有一个有趣的细节，瑞典语中“税”这个词同时还有“财富”的意思）。此外，丹麦曾经授予过一只企鹅爵位。2016年，丹麦、芬兰与瑞典被评为世界上最廉洁的三个国家。

对于斯堪的纳维亚诸国，我的总体印象是，他们的行事方式一定与我们中的大多数人不同。我有一位瑞典朋友，他实在是我认识的最为活泼、朝气蓬勃并且最具积极性的人之一。我们一起前往挪威四日游，去攀登“恶魔之舌”（Trolltunga，大家可以上网搜索一下这个地名，这座山峰真的值得被列入旅行愿望清单中）。每一趟旅程都会有起起落落，这个道理对于我这种新手背包客来说尤其适用。过了第二天，马斯洛需求层次理论在我这里发生了颠覆性的变化。一点也不夸张地说，有正常的食物、质量更好的睡眠以及一个不会冻僵屁股的厕所就是我的全部希望。

我满怀愤怒，绝望不已，但此时，我身旁的那位瑞典朋友简直是现世的佛陀。他镇定自若，毫无失控的迹象，甚至高兴得让人觉得古怪。他用自己十分温暖的睡袋交换了我那个单薄的睡袋，所以他当时大概比我还要冷。可是，他欣赏着眼前令人叹为观止的景色，享受着每分每秒，而在我看来，最重要的是，他是真的活在了当下。我从那趟旅程中学到了很多，也更加深入地了解了自己，但与这两项相比，我从一种被瑞典人称为“拉戈姆（Lagom）”的理念中收获得更多。

拉戈姆是什么？如何用它来改善生活？

根据我从书籍、杂志以及社交媒体中所获取的信息，拉戈姆就是2017年的"休格（hygge）"。有些读者不明白"休格"是什么意思，简而言之，这是一个丹麦语中的词汇，代表着这个国家的一种怡然自得的生活方式。虽然这个词语还没有对应的英文词，但与之最接近的理念，可以概括为安逸舒适以及内心世界的幸福安乐。在后文中，我会更详细地解释休格。眼下，有一点必须引起注意，那就是，近年来关于这个词的宣传铺天盖地。现在，这种狂热的注意力正在转向拉戈姆，而拉戈姆几乎就是休格在瑞典文化中的体现。

但是，强行将这两种理念进行比对，对于这些理念本身而言并不公平。在媒体狂热报道的背后，这些理念蕴含着优秀且十分实用的改善生活方式的技巧，我自己就曾亲身体验过。我所说的这些技巧，与网上售卖的标价30美元的挪威样式羊毛袜无关。带有那些噱头的商品，在我看来非常无用，只会让生活更加凌乱，徒增一笔消费。

从定义上看，拉戈姆意味着“不要太多，也不要太少，恰如其分最好”。简而言之：适量、充分且充足。这个词汇本身带有一种适量感，其定义与完美并不等同。一些民间故事将拉戈姆的起源追溯到维京时代，这些故事认为，拉戈姆是当时北欧短语“拉戈特姆”（Laget om，大意为围绕团队）的简写。当时的北欧海盗们会把一个盛满蜂蜜酒的号角传递一圈，以确保每个成员都得到应得的份额。在那时，“拉戈特姆”指的就是每个人应得的那一份蜂蜜酒。从广义上讲，这个词代表着大家的共识与平等。

在当今，我们可以将拉戈姆和“少即是多”这一说法关联起来，同时，针对消费主义所产生的囤积，这个理念也是一个很好的替代选项。

“在维京时代，人们会互相传递蜂蜜酒，通过拉戈特姆的方式，每个人都能够品上一口。”今日的拉戈姆的内涵，与上述阐释并无不同：“在传递蜂蜜酒时，如果每个人所取的分量都符合拉戈姆的理念的话，那么每个人都能有所得。”现居伦敦，经营着一家北欧式餐厅的勃朗特·欧雷勒（Bronte Aurel）在接受《英国电讯报》（*Telegraph UK*）采访时如是说。

她的话中有着深刻的真理：如果每个人都只取自己所需的量，那么这个世界上的许多问题就不复存在了。我不想把这个话题延伸得太远、太泛，谈饥荒和环境污染这类问题，我想让这种思量围绕着个人层面进行。

我们拥有的越多，就越害怕失去。我们背负的越多，脚步就会越沉重。我可以用一个简单的例子来解释上述道理，这个例子就是我徒步前往恶魔之舌时所携带的背包。那是穿行于山区的三日之行，令人有些不快。每半英里左右，会有峡湾提供饮用水——那水质比我以往喝到的水的水质都要好。我没有随身携带三日份的饮用水，即便如此，我的背包还是重达42磅（约合19千克）。我把所有东西都放进了自己的背包里。此言无虚，我在背包里放了湿纸巾、五双袜子、备用鞋子、短裤（直到现在我也没想明白当初为什么要带短裤）、泳装、一本书、地图、手机充电器、驱蚊剂、沐浴露、牙刷和牙膏（而且还不是便携装）、一个配套齐全的急救箱、一支自拍杆、身体乳——总而言之，我把什么都装进了包里。而且上文提到的物件还不包括野外生存必需品，比如睡袋、备用灯以及一些澳洲款式的户外用品。我甚至连帐篷和食物都没带！

现在回想起来，那可真是一场灾难。但对于当时的我而言，如果没有这些东西，我会觉得不安全。万一那里有毒蚊子怎么办？万一我的皮肤因为烈风变干了怎么办？万一我从恶魔之舌山峰上跌落了，需要一支备用自拍杆来记录事故过程怎么办？那会我可能已经失去平衡，弄丢了原先的自拍杆，如果意外真的发生了，自拍杆总会比我坠落得慢一些。说真的，我当时到底在想些什么？

你是否也有一些稀奇古怪的囤物癖，总是恐慌地觉得如果没有了这些小玩意儿，世界末日肯定就要来了？千万不要像我徒步旅行时那样，设想各种异常情况。我们没有必要想得那么多，没有必要对生活中的这些物件进行各种定义。以手机为例，它在我们的日常生活中扮演着重要角色。对于一些人而言，如果手机丢了，他们的反应可能要比失去自己的胳膊还要强烈。你见过丢手机的人的反应吗？首先，他们的脸上浮现出深深的沮丧，目光定定地注视着某处，双手开始摸索甚至“冲撞”衣服的每一个口袋，就像在努力获得一场打地鼠游戏的胜利一样。同时，他们的大脑运转得比福特汽车厂的传送带还要快，努力还原着最后一次使用手机的场景。然后，他们想起来自己是把手机放在左边的口袋里的，而那个口袋现在已经空了。他们开始满怀恐惧地颤抖，嘴里含混不清地念叨着“手……手机……手机……”，最后绝望地陷入崩溃。

我并不是想取笑这些人——我也丢过手机，是被人偷了。那真是一点都不好笑。但是，手机并不是一个不可或缺的物件。有些人可能会提出反对意见：“可是我的全部生活都在那部手机里。”这难道不有点不可思议吗？的确，手机在我们的生活中非常重要，但如果认为我们的生活离开它就无法继续，那就言过其实了。换句话说，这一点都不拉戈姆。

按照拉戈姆所提倡的生活态度，对于这种情况，我们应该承认自己有了损失，然后好好思考一下如何避免再次出现类似损失，随后继续前行。采取一些措施，让手机这种设备不再那么无可替代。如果手机上的信息的确很重要，那就采取一些预防措施，例如，把其中的数据上传到各种云存储服务站中，将电脑上的数据也进行备份。有很多方法可以让你的生活更加轻松，让你不再被突如其来的压力击垮。

以上就是关于如何运用拉戈姆理念让自己的生活更美好的一个实例。拉戈姆理念让你明白，如何过上更节俭、更适度的生活，进而形成生活中每一方面的平衡。

“总体上看，拉戈姆是你生活中的首要理念。要正确地运用这一理念，与其说是在日常生活中加入一点拉戈姆，倒不如说将它当成整体的生活观。”位于布里斯托的杂志《拉戈姆》（*Lagom*）的联合编辑兼创意总监艾利奥特·斯托克斯（Elliot Stocks）如是说。

在我研究拉戈姆理念期间，我采访了一些瑞典人，其中也包括我的一位朋友。我们探讨了一下拉戈姆的定义，以及这个理念对他们而言意味着什么。他们几乎不约而同地将这个词定义为“不要太多，也不要太少，恰如其分最好”。

当我询问他们这个理念如何塑造了他们的生活时，他们都略显犹豫。对于他们而言，拉戈姆不是一个改善生活时所追求的目标，它本来就是一种自然而然的生活方式。我们可以认为，他们就是活在这种“适度”的精神状态中。

在我的受访者中，有一位来自马尔默的男士，名叫赛博（Seb）。当我问他能否在每天的日常生活中感受到拉戈姆的存在时，他说：“可以的，每一天，所有人都遵循着这一理念。我们不会每天都把这个词挂在嘴边，但是当我去咖啡馆时，如果我提出要在咖啡里加入拉戈姆量的牛奶，大家都能听得懂。”

他进而对我解释道，在瑞典，人们未必总能

意识到自己的生活是契合拉戈姆理念的，他们只是明了于心。赛博又补充了一句："这样跟你说吧，我们不想像大多数美国人那样凡事都要求越大越好，对我们而言，拉戈姆才是最好的。"

受访者中还有一位来自斯德哥尔摩的工程师，名叫弗雷德里克（Frederik），他说："询问一个瑞典人如何运用拉戈姆，就像询问鸟儿如何飞翔一样。适度本来就是我们生活的一部分。无论是对于好事还是坏事，这个理念都同样有效。我们的内心都有一个咕噜（译者注：《指环王》中的角色），在我们过于骄傲自大时，他会警告我们；在我们开始妄自菲薄时，他又会给我们加油打气。这个过程就像是保持人格个性的平衡。但拉戈姆所平衡的，不仅仅是内在的道德品质。我们不想建造最大的房子，更不想以这种方式炫富。但同时，我们也不想看上去穷困潦倒，更不想真的陷入贫困之境。我们坚持中立的立场，而且重视平等，其根源也许在于我们过去很长时间内曾经是民主社会主义国家。”

赫尔加（Helga）是一名就读于乌普萨拉大学（Uppsala University）的学生，她说：“对于工作时间、流行时尚甚至是在咖啡中放多少奶这些事情，我们都在保持平衡，当我们拥有的东西太多时，我们反倒不觉得满意。恰恰相反，一棵美丽的树，孩子脸上的笑容，日常生活中的小事都能激发我们的满足感。”

在拉戈姆所代表的生活方式中，人们不会为琐事奔忙，这种理念也不会促使人们变得自命不凡。在这种生活方式中，人们都怀揣适度的自信，怡然自得地活着。整体氛围是务实的。瑞典式拉戈姆的主要外在特征包括实用的建筑以及设计风格、各种有益于身心健康的元素、简单而健康的饮食。

人们会从集体的层面而非个人的层面思考，这是一种典型的北欧思维方式。当然，社会福利的侧重点也会进一步强化这种以社会为中心的思维方式，但真正的原因却在别处。从地理角度看，这些北欧国家地处北半球的北端。虽然这些国家面积较大，但人口密度较低。从古时候起，其国民就开始互帮互助。每一个人在团体中都有自己的角色，其他人也要履行自己的职责，整个团体才算是完整的。否则，整个部落群体的存在都会受到威胁。斯堪的纳维亚地区恶劣的环境迫使当地居民互帮互助，关注彼此，因为如果选择离群索居的话，他们的存活率会降低。

当然，时至今日，情况已经没有当年那么极端了。但是，其中的精神不曾改变。他们为了整个社会的幸福而奋斗，因为那也能让个体得到满足。

按瑞典人的说法，要想从经验主义层面上理解拉戈姆，第一步就是要多为团队想想，而不是只顾个人。如果团队能获益，那团队中的个人也同样能获益。

拉戈姆的理念并不是要你受困于平庸，也不是说你在达到温饱线后就再也不用力争上游了。它只是表明，如果你对于自己没有的东西心存过多执念，那这种思虑注定会让你活得不开心。转换一下思维焦点，你还是可以追求相同的目标：看看自己现在拥有了什么，并为之感恩，然后与自己所爱之物共度时光。记得保持生活的平衡。

此外，拉戈姆十分强调可持续性。瑞典人很有环保意识，他们认为每一件在挥霍浪费中用掉的东西都会为大自然增加负担。你不可能一中午吃掉两顿大餐，你也不可能一次穿两条裤子。首创于20世纪70年代的以古德伦·胡登（Gudrun

Sjödén）为先锋的瑞典时尚品牌，一度引领着环保时尚领域的风潮。在其产品线中，H&M一直保留着环保时装的分类。

在当今社会中，我们时常感到自己迫于压力不得不追求更多，追寻下一个更好的东西。拉戈姆理念则鼓励我们在生活中保持平衡，美丽而简单地活着。

与其囤积物品，不如“囤积”各种良好的习惯。比如，当你出门工作时，想一想今天怎么让你的朋友与家人露出笑容。提升你自己的生活质量的同时，也让你周围的人过得更好。所谓适度，并不是强迫你过一种一成不变、单调乏味的生活，这种理念其实是让你为自己着想，将一切会引起压力或不幸福感的因素排除在外。

在工作之余，一天出去吃一两次小吃、喝一两次咖啡，暂时挣脱工作和人际交往的束缚，这不是什么过分的行为。瑞典人将这种吃点小吃、喝点咖啡的休闲惯例称为“菲卡（fika）”。约定俗成的菲卡，使瑞典人不会在所需时间之外继续工作。所以这个惯例可不止休闲一刻那么简单。它从工作时间中拆分出几分钟，让人们细细品味当下。还记得日本文化中的侘寂吗？可以这样说，菲卡也是一种实践侘寂理念的方式，是一种源自瑞典文化的方法。人们暂时将自己与忙碌的生活隔离开来，全身心地品味此时此刻：新鲜的热咖啡的香醇，身边人们唠唠叨叨的闲聊，还有来自朋友的温暖拥抱，这些都会为生活注入新的动力，为当天的剩余时光预设积极的氛围。

在我热情洋溢地描述拉戈姆理念时，一位美国朋友问我：“在这种人生观里，人们靠什么来激励自己更努力地工作，成为更优秀的人呢？万一有人不在乎自己所在的团体怎么办？”

提出这些问题合情合理，而且这些问题也的确值得我们好好思索。

在一个大众思维方式相似的国度，关注集体利益的确行得通，但是，如果举国上下人人都只想谋求个人福利，情况又会如何呢？如果在一个团体内，其他人都在单打独斗，只有一个成员还在考虑集体的发展与幸福，这种情况下，势必不会产生突破性的改变。除非你想要移居某个斯堪的纳维亚国家，这里税费很高，但相应的社会回报也很高，而且每个人都认可社会公平、公正的重要性，否则，在其他国家，将集体利益置于个人利益之上，对你而言可能并不是一个明智的选择。

正如我在本书的前文中所提及的，当你决心采用某个国家最优秀的传统时，也要记得保留一点半信半疑的态度。采用那些能让你在自己所在的环境中受益的部分。

在这个世界上，把个人生活过到极致，活得幸福，才是更有意义的事情。而且，如果每个人都为这个目标付出努力的话，整个社会也会更加幸福。我用“把生活过到极致”这个说法，并不是想让大家变得自负，更不是让大家囤积价格高昂却又毫无价值的东西。所谓把个人生活过到极致，指的是实现自我满足，拥有良好的人际关系，过上自己真正梦寐以求的生活。这些愿望都能与拉戈姆所代表的心态很好地融为一体。无论何时何地，“适量”原则都可以引领你的个人生活，它是极简主义的一种形式，能让你的精神保持完全的平衡。

就像吃东西一样，如果正好吃了适量的食物，那你是不会觉得饿也不会感到撑的。有了拉戈姆理念，你既不会受困于贫穷，又不会过度富有。你可能没办法购置一整颗钻石，但桌旁总会有小物相伴。

如果你觉得自己拥有的已然足够，你就不会感到焦虑不安。其中最难以捉摸的部分是，应该在什么时候承认自己拥有的已经足够。如果你拥有的其实已经足够，却还是不愿满足而想要更多，那么这时，压力、不快以及苦涩的怨气就会侵袭你的生活。压力和忧虑不会赐予你更多有益之物，也不会帮助你前行。你的身体仍然处于原地，精神却会越陷越深。如果你想战胜生活中的这些烦恼，拉戈姆是一种很好的方法。

关于拉戈姆理念，我的总体结论是，对于有创造力的头脑而言，它亦敌亦友——它可以帮助你战胜烦恼，但同时也能轻轻松松地让你沉溺于一种不温不火的舒适中。以拉戈姆的方式来生活意味着你可以融入人群，而且不用承担风险。当你面对形形色色的挑战时，创造力才会激增，然而，拉戈姆理念似乎就是用来压制生活中的挑战的。在美国、英国以及其他国家，这样的理念可能不但无益于改善生活，甚至会成为通向美好生活道路上的障碍。

那么在美国、英国这样的发达国家，又该如何运用拉戈姆理念呢？这个问题的答案也许就隐含在拉戈姆这个词的背后——凡事切记适度。正如奥斯卡·王尔德（Oscar Wilde）所说的："凡事皆有节制，尤其注意适度。"（Everything with moderation. Especially moderation.）我认为，这种理念包含着许多有益而实用的观点，可以帮助你改善日常生活。

秘诀就是，不要尝试做出不符合你本质的举动。换句话说，要控制理念对你生活的影响程度，不要超过正常而合理的限度。什么时候才算是"足够"呢？在尝试将拉戈姆理念运用于日常生活的过程中，当你开始觉得有压力、愤愤不平或是心神不宁时，就足够了。

拉戈姆生活方式的几项要点

——不要太多，也不要太少，恰如其分最好。

——拥有的越多，你也会因为不想失去其中任何一样东西而变得焦虑起来。将自己的所有物数量控制在能让你感到舒适且平静的范围内，这样做可以帮助到你。

——“不要试着用一个屁股坐两张椅子。”换句话说，要注重生活的可持续性，不要索取得太多。

——在拉戈姆生活方式中，人们不会为琐事奔忙，也不会变得自命不凡。

——让你的周边环境处于实用而非光鲜的状

态中。

——与其囤积物品，不如“囤积”各种良好的习惯。

——从工作中抽出10～15分钟的休息时间，练习活在当下。进行反省式的冥想，或是与他人交际。

——如果你觉得自己拥有的已然足够，你就不会感到焦虑不安。

——拉戈姆理念旨在让你感恩今天所拥有的，而不是思虑明日可能获得的好处。

如何利用休格理念改善日常生活？

休格是一种历史悠久的丹麦极简主义思想。休格（此为音译）大致意为更高一级的舒适状态。但要把它运用到实践中，就没那么简单了。简明扼要地概括的话，休格理念是要营造温馨的气氛，身处其间，你可以和心爱的人共享生活中的美好事物。休格可以是一支散发着肉桂香气的蜡烛，也可以是刚刚劈好的木柴的气味，还可以是与家人共度的时光。大多数时候，被贴上休格标签的时光，是坐在桌旁，对着烛光，注视着壁炉中跃动的火焰，享受着美味的食物，与最亲爱的人谈论人生的那些时刻。

描述休格的理念有一点点像描述爱。当你感受到它时，你马上就明白了；但要想精确地解释它，却总是词不达意。

《舒适生活》(*The Cozy Life*)一书的作者皮娅·埃德伯格（Pia Edberg）给出了这样的定义："休格理念的中心思想是享受生活中简单而舒适的时刻。它就像是进阶版的极简主义理念。"在书中，她讲了自己的故事，提到了她在一场个人危机后，如何扔掉了自己大多数的东西，拥抱极简主义，只留下真正实用的东西。然而，不久之后，她就开始怀念那些精致而令人惬意的物件，那些东西能让她小小的公寓有一抹个人的色彩。

极简主义的生活方式与休格理念是可以共存的，如果方式得当，二者还能相得益彰。你完全不必把房子塞满挪威样式的棉被、羊绒质地的枕头，更不必囤上十双羊毛袜子。即使没有这些东西，你也可以尽情体验休格这一理念。与你所爱的人一起喝一杯美味的热可可，或是坐在窗前，边读书边品茶，都是很棒的方式。

很多时候，休格理念与家庭内部活动息息相关，比如家庭聚餐—— 这一点在圣诞节尤为明显。但同时，在咖啡厅或是夏日阳光下的绿地上，你同样可以体验到这一理念。留意眼前的美好时刻就好—— 这个时刻可能是独一无二的，也可能仅仅是“快乐的火花”，无论如何，它都值得你关注。

“休格文化”是怎样发展起来的?

在斯堪的纳维亚诸国，冬日时光漫长、寒冷而黑暗。因此，他们文化中的许多风俗习惯以及思维方式都与生活的安逸、舒适有关，且大多数与冬天有关。总体来说，休格理念与季节无关，无论何时何地，你都可以练习运用它。丹麦人相信，大多数与休格有关的时刻都需要一点点黑暗以及寒冷。在这种条件下，人们会更加懂得欣赏温暖的壁炉、跃动的烛光和温暖的饮品。寒冷让人们靠近，互相取暖。

虽然斯堪的纳维亚人一年中有很长一段时间要生活在黑暗中，但他们仍然是世界上活得最幸福的一群人，在这一点上，休格理念功不可没。我们可以这样说，创造一种方法使恶劣的环境变得尚可忍受，这称得上是一种生存技巧。

作为用来庆祝爱以及阖家团圆的节日，圣诞节是一年之中最具休格气息的节日，也就不足为奇了。

同时，休格理念也与安全感密切相关。如果你在某处感觉自己受到了保护、感到安全与幸福，那你同样也可以体会到休格理念。大多数情况下，上文所描述的处所就是家。如果你想采用休格所代表的生活方式，那么就要让家成为灵感、快乐、平静和安全感的源泉。

休格理念能让你更健康，更快乐，同时还会更有创造力。

原因何在呢？因为你从最喜欢的毯子或书籍，以及伴侣的微笑中体会到的舒适感，都是与安全感紧密关联的。你的大脑时时刻刻储存着这些关联，每当你想到这些事情时，大脑就会分泌多巴胺、催产素和其他激素，这些都是你能感受到快乐的原因。如果你思考休格理念，或是当你开始切身体验休格理念时，大脑的执行部分会在皮层中被激活，你的身心都会感到很安全，你不会有防备心理——那时你就会具备创意思考的能力，学习会变得更轻松，压力也更小。

如何激活生活中的休格状态?

一些人会将休格理念比作日本文化中的正念与冥思。即使体格与正念那一部分是相似的，但是，日本文化意义上的冥思需要在寂静的环境中进行内省，大多数时候还需要独处，在这一点上，休格恰恰相反。休格是一种处处留意、时时冥想的状态，在这种状态中，你需要积极地与他人分享。你将世界怀揣心中，而不是将自己深锁世外。

然而也应明确，我们每个人都不一样。一些人也许会在独处的时候更好地体验休格理念，静静喝着杯子里的热可可，望着窗外的雨，品读《傲慢与偏见》。休格理念并没有真正意义上的规则。你需要在内心深处体会这种理念，感受到自己正处于这种情绪状态中，就如同爱情来临时你会突然有所意识那样。

休格并不是一种已经被构建的现实。举个例子，不会有人规定街上的一些东西是符合休格理念的而其他东西则不然。休格理念是由内而外的，因此，它有可能存在于每一个情境、每一个地点以及每一个时刻中——你要做的，只是去找到它。一言以蔽之，这是一种你可以从内心中过滤、提炼出来的感受。反之，如果你不想体会这种感觉，那么就一直待在一个华而不实的大房子里吧，那样你就不会有什么特别的感觉了。如果你的心做好了迎接休格的准备，那么你在许多地方都可能找到这种感觉。在下雨天的大街上，你可能会从路边水坑里五颜六色的树叶中找到这种感觉；你也可能会在硕大的雨滴落在泥土里出现的小气泡中寻觅到这种感觉；甚至从在倒扣的水桶上一边休息一边等待雨停的一只流浪猫身上找到这种感觉。

尽情享受这一刻，不要去想你希望它们变成什么样。休格的精神状态是无法被操控的。要专注于发现事物中好的一面，与你所爱的人共度高质量的时光，这种时光越多越好。随后，也许在一个看似平淡无奇的星期二晚上，这种感觉就会突然敲开你的心门，到那时，你也会知道，休格就是这种感觉无疑。

如何将休格理念引入自己所在的环境?

虽然令人舒适惬意的事物不一定能让你体会到休格的精神状态，但可以肯定的是，混沌与杂乱一定不会让你进入那种状态。杂乱带来的总是压力、焦虑以及无尽的尘埃。

休格意义上的精简，并不是让你扔掉自己大多数的东西，而是要求在每个房间里只留下十样东西。其实，这里所说的精简，是希望你只留下真正重要（实用）的东西，留下那些能让你的人生升值的东西（其中包括情绪、思想等方面的东西）。从某些方面看，这种方法与上一章中提到的KonMari收纳法相差无几——留下有用的东西，留下能激发你内心喜悦的东西。但是，在该留下哪些东西这个问题上，KonMari收纳法的标准比休格的方法更加严格。

休格的方法只关注安逸、平静与幸福。杂乱与灰尘会让人倍感压力，也会引起烦躁不安以及不适的感觉，这一切都与休格理念背道而驰。如果你想要运用休格的生活方式，那你还是避不开整理与精简，原因正在此处。在整理完毕之后，你会觉得压力没那么大了。周围的环境越整洁，你就会觉得越自由、越尽在掌握中。

丹麦的房屋，甚至是整个北欧房屋的墙壁大多是白色的。这种颜色经得起时间的考验，优美、雅致，同时还扩大了人们对空间的认知，也让房间更加明亮。他们使用的家具与装饰品色彩朴实，例如天花板横梁、抽屉、椅子、沙发以及木地板等，都是如此。斯堪的纳维亚国家的房屋，大多数都至少有一个壁炉。斯堪的纳维亚国家的居民在进行家居装饰时，会选用白色、奶油色、棕色、黑色、深蓝色以及其他色调相似的颜色。

蜡烛以及家庭成员的照片是休格风格的家装中必不可少的组成部分。各种质地柔软的东西也符合休格风格。毛茸茸的毯子、羊毛地毯、棉被还有枕头都可以在房屋中营造更多的舒适感。羊绒、人造毛皮以及美利奴羊毛都是温暖而又令人感到惬意的。常见的挪威风格的图案也能让人感受到仿佛在过圣诞节那般舒适。

作为一种备选方案，你还可以在窗前或是房间里的其他角落摆放一些花草。花总能为这一片空间增添生机与活力。薄荷、薰衣草以及罗勒等草本植物具有奇妙的天然香气，可以让你更加放松。同时，薄荷和罗勒的清新香气还能提升你的专注度。薰衣草的香气能使人镇定，身心放松，尤其能够助眠。

休格风格的食谱

因为休格是一个关乎舒适以及温馨的概念，所以与这个概念相关的食物应当是你最喜欢的食物。

在丹麦文化中，休格风格的膳食大多是家庭自制的，且往往与冬季有关。热巧克力、不同种类的糕点以及用肉桂烘烤的苹果都很符合休格理念，同时，健康、含有多种绿色蔬菜的低碳水化合物饮食也可以被称为休格风格的膳食。

还有一些休格风格的饮食比较特别，可能是配有草本植物以及根茎类蔬菜的鸡汤，也可能是不同的鱼汤，或者是烤蔬菜、烤鲑鱼。然而我个人最喜欢的，是一种叫作柠檬慕斯的甜点。在这里，我要与你分享这个秘密。这种甜点具有柠檬的清爽风味，无论是在夏天还是在冬天，都是不错的选择。

我只在哥本哈根享用过这道美味，在《卫报》（*The Guardian*）的帮助下，我得到了这份正宗的食谱，希望对读者们有所帮助。以下食谱来自《因休格而饥饿：特丽恩·哈内曼的北欧风味食谱》（*Hungry for Hygge: Trine Hahnemann's Scandi Comfort Food*）这篇文章。

要制作6~8份慕斯，你需要以下原料：

6小片明胶，共9克（0.3盎司）

6个鸡蛋，分开盛装

细砂糖150克（5.3盎司）

特浓奶油400毫升(1.7量杯)

柠檬汁150毫升(0.6量杯)

未打过蜡的柠檬，削成屑状

辅料：

打发奶油200毫升（0.85量杯）

未打过蜡的柠檬，切丝

制作步骤：

将明胶放入冷水中浸泡约5分钟。用电动搅拌器搅打蛋黄和糖，直至它们整体变得发白、蓬松。

在另一个干净的碗里打发蛋清，直到蛋清变得蓬松。在第三个碗里搅打奶油，直到奶油颜色变浅，质感轻盈、蓬松。沥干明胶，放入小锅中，加热融化。明胶融化后，关火，加入柠檬汁和柠檬屑。将柠檬和明胶的混合物慢慢倒入蛋黄和糖的混合液中，仔细搅拌一段时间。此时，将先前准备好的蛋清和搅打过的奶油拌入其中。

拌匀后，将现有的混合材料倒入6只玻璃杯

中；如果材料还有剩余，将其倒入一只容积较大的碗中备用。随后将材料放入冰箱冷藏几个小时，或冷藏一整晚。

加工过程的最后一步，在慕斯半成品的顶部装饰上搅打好的奶油以及之前切好的柠檬丝。冷藏状态下，这种柠檬慕斯的保质期为3～4天。

我希望你也像我一样，爱上这款令人神清气爽的甜点。如果你是在舒适的家中享受这一美味的话，那你比我幸运。我是在一个小小的服务窗口第一次买到这种甜点的，当时的天气很冷，气温只有3摄氏度。现在回想起来，当时的感受并不符合休格的精神状态，但那段记忆仍然可爱迷人。我猜想，大概是这件事情过去后，这段记忆与休格的理念融为一体了。

还有一点必须要提一下，那就是休格风格的

食物未必总是健康的。丹麦人经营着很多面包店，并且会吃很多糕点—— 尤其是在星期五。他们将这一天称为“周五甜品日”（丹麦语：fredagsslik）。虽然说糖果和曲奇饼干是好日子的美味点缀，但是，也许这种休格法还是不应当排在好习惯名单的前五名。至少不要每个周五都这么做。在每个月，只选定一个周五沉迷于歌帝梵（译者注：Godiva，著名巧克力品牌）吧。

我个人的休格体验

我有一年三月去丹麦游玩过。那趟旅途很短，我只在丹麦待了五天。当时，我还有一份固定的工作，没办法请更久的假。三月的丹麦还是非常寒冷的，偶尔还会下雨。

到达之后，我注意到的第一件事是，人们似

乎都非常热爱运动。许多人在几乎结着冰的路面上慢跑，还有更多人甚至骑着自行车。我和我的男朋友都穿着三层御寒衣物，却仍然在瑟瑟发抖，而当地的斯堪的纳维亚人却只穿着运动衣和薄外套到处跑。有一天，外面寒风肆虐，气温只有10摄氏度，当地居民却穿着人字拖，高高兴兴地四处走动。他们看起来一点也不忧郁、沮丧，情绪也完全不低落。看起来，每个人似乎都觉得这样的生活很悠闲、惬意，他们的世界不慌不忙，所谓的寒冷在他们的词典里并不存在。

我不会觉得他们特别亲切友好，但也不会觉得他们格外粗鲁无礼。当地人还是过着自己的正常生活，让我们这些一眼就能看出是外地游客的人（围着围巾、穿着羽绒服还有将双脚裹得严严实实的鞋）自行游玩。我在那里的那段时间，产生了一种奇怪的宁静感。

我们住在爱彼迎（Airbnb）的民宿——那里极具休格气息：房间里有一张非常舒服的床，有木制的家具，到处都放着毯子，角落里还有一台很有年代感的唱片机和一些唱片。

哥本哈根不大，是一个很有魅力的城市。即使天空灰蒙蒙的，周围的所有东西却都色彩斑斓，让人心情为之一振。在进行内部家装时，丹麦人可能倾向于一切从简，但他们在选择建筑的外部装饰颜色时，却较为大胆。每一幢建筑都明亮而多彩——有红色、紫色、蓝色、绿色、黄色以及其他跳跃的颜色。整个城市的天际线看起来像是被人通过修图调成了黑白色调，但其余的一切景致却都色彩饱和，寒冷又舒适。

总体来说，我很喜欢那次丹麦之旅。在那里，我们可以找到属于自己的休格方式。我们蜷缩在毛毯里，喝着热茶，聆听旧唱片机里播放的法兰克·阿尔伯特·辛纳屈（Francis Albert Sinatra）的歌曲。

对休格的批评

想要永远地享受生活中舒适的一面，那就像把《爱乐之城》（*La La Land*）和《霍比特人》（*The Hobbit*）这两部电影的发生地强行混为一谈一样奇怪。如果你对于舒适的定义是在漫长而劳累的一天之后，能有一个安全的避风港供你休憩其中的话，那是有益而可行的。但如果你想逃避现实，偷换“舒适”这一概念，借此来忘却生活中的信用卡余额，并将自己的头埋在舒适的沙地里隔绝一切的话，那是不可行的。就像我在阐释拉戈姆理念时所提及的，休格理念也同样需要适度。即使是十分特别的回忆，如果我们在生活中将其重现太多次，那么那种特别的感觉也会渐渐淡化。

丹麦和其他斯堪的纳维亚国家，比如挪威与瑞典，频频被评选为世界上幸福感最高的国家。丹麦于2012年、2013年以及2016年荣获其中的“最优”称号。在这件事情上，休格理念也有一部分功劳。

关于斯堪的纳维亚诸国，还有一些数据不那么广为人知，也不太受大众追捧。其中的一例就是，根据经济合作与发展组织的报告，在冰岛，抗抑郁药消费量为每千人每日服用101次，而丹麦、瑞典和芬兰紧随其后。在北欧国家，居民很容易就能得到这类药品。另一份报告表明，接近40%的丹麦女性以及近32%的丹麦男性都曾经接受过心理健康治疗。

研究人员已经证实，芬兰人和丹麦人是世界

上糖类及甜食食用量最大的两个群体。这种现象是与休格的概念交织在一起的。在奉行休格理念的国家，吃掉一碗糖果实在是再正常不过了。之前提到过的“周五甜品日”就是一种惯例。在这些国家，家家户户都会遵循这种惯例。2002年，联合国粮食及农业组织发布了一份报告，称丹麦人均肉类食品消费量（322磅，约合146千克）位居世界首位。到了2009年，这一数字没有那么夸张了（变为210磅，约合95千克），但也仅仅让其名次降到第13位。

一位现居丹麦的朋友告诉我：“当你想要按照休格理念生活时，你几乎是必须要吃得不健康。”她还告诉我，丹麦人执行休格理念的标准近乎严苛。如果某个人（大多数情况下是外国人）不入乡随俗地按照规则实践休格的生活，那么本地人不得不开始排斥外国人，因为这些外国人会将宗教、政治或其他不符合休格理念的话题引入席间闲谈，让场面尴尬万分。总体来说，丹麦并不是一个对于外国人十分友好的国家。2016年，《外籍人士》（*Expat Insider*）做了一项调查，在67个国家中，丹麦的好客程度被排在第50位。

这一数据不是说丹麦人或者斯堪的纳维亚人整体都很粗鲁无礼、抑郁消沉，而是告诉我们，应该用批判的眼光去看那些将他们列为世界上最幸福的人的报告。

休格的生活方式中，许多方面都值得我们尝试，说不定这会是一次改变你人生的尝试。

保持休格心态的要点

——多花点时间陪伴家人和朋友。

——为自己创造一些特别的时刻，即使周围没什么特别的东西，也可以通过回忆过往的舒适时光来实现。

——将小小的幸福时刻与安全感联系在一起。

——尽量多在家做饭，并用心品尝。

——多做整理，精简生活，以此减小自己的压力。保留实用的物件，并将它们与让你舒适的东西相结合。

——在装饰房屋时，采用自然色调的颜色，使用令人感到舒服的材料。

成为自己所在空间的主人

在前面的内容中，我列出了四种对于极简主义以及美好生活的解读。这些解读在它们的发源国家都完全说得通，而且有时人们会在不知不觉间将这些理念付诸行动，但要把它们应用到你自己的生活中，可能就没这么容易了。

如果你是一个外向、开朗、声音洪亮的人，那么在寂静中进行的、以沉思冥想为主的侘寂法对你来说可能很难付诸实践。如果你是一个澳大利亚人，那么你可能并不理解冬天有什么舒适感或是神奇可言，因为在你们南半球，人们是穿着比基尼在沙滩上庆祝圣诞节的。我在本书的开头提到过，在全书接近尾声处也要说——要想让自己的生活井然有序，要点并不在于你对一种极简主义的方法采用了多少，而在于你选定了一两种方法与建议后，运用得有多好。

也许你想要舒适惬意的家装风格，想要看到家里的衣服被整整齐齐地叠起来，不想活在过剩的物质中——想要生活中所有的东西都恰好不多不少，那么你可以对照着休格理念装饰自己的房屋，像近藤麻理惠那样折叠自己的物品，然后多做一点关于拉戈姆理念的阅读，并在你的日常生活中练习自我控制。

如果你觉得前文阐述过的任何一种方法听起来都不错，那么我在本书中分享的信息足够让你决定采取哪种方式了。如果你的选择是采用书中的一些小窍门，那你同样可以做到让自己的生活更加精简，并在让自己所处的环境极简化的同时，将家和生活带给你的整体舒适度最大化。但是，如果你想要对于书中所提及的四种方法进行更为深入的了解、获取更多相关知识的话，我强烈建议你读一读我在本书最后所列出的参考书籍。

极简主义是由内而外的。说到底，只有你才真正了解当自己拥有多少东西时，会真正感到舒适。我不可能在书里告诉你应该扔掉这件东西或是那件物品，否则你注定永远感受不到幸福。那实在是愚不可及。我能做的，只是将尽可能多的备选方案展示给你，告诉你如何开始、如何实践，以及保持你正在寻求的生活方式。我知道，你一定是想要生活中的堆积与杂乱少一些，否则，你也不会买这本书。

说到底，进行整理并不是最难的部分，真正难的地方在于防止杂物再次堆积如山。所以，我对于那些能让我决定改变日常生活的人生观深信不疑。三分钟热度是不足以让行动效果长期维持下去的。因此，适量地采用侘寂的心态或是拉戈姆的生活方式可以让你的生活一直走在正轨上，不至于重新受困于凌乱。时刻提醒你自己，不完美也是美丽的，多余的东西并不会让你更幸福。

某一年，我丢弃了自己的大多数东西，我在《零混乱零压力》（*Mess Free Stress Free*）这本书中讲述了自己的这段经历，也讲了所用的方法。现在，我仍然只拥有能全部装进一个旅行包那么多的东西，我可以带着它们旅游。能把生活一直保持在这个规模之内，是因为我一直遵循着两条规则，这两条规则适用于任何情况。

我的第一条规则是，如果我要买什么东西，那么我必须先扔掉一些东西。通常对我来说，这不难执行，因为我只在有东西需要扔掉时才会买新的。打个比方，上周我买了一双新的跑鞋，因为之前那双的小脚趾位置已经太宽松了，我担心脚趾可能会顶出来。但其实我和这双鞋还是挺难舍难分的，这双鞋有12年历史了，是我妈妈给我的（而且我妈妈给我的东西很少）。我用上了从

KonMari收纳法中学到的方法，对这双鞋多年来为我提供的忠诚服务表示了感谢，然后我把它装在了新鞋所带的盒子里（就像将它入殓一般），随后放进了垃圾桶里。

如果不是因为需要，而仅仅是因为欲望才购物，也是可以的。但是，如果你不想让自己的房屋变得杂乱，那你就必须对自己严格一点，扔掉一些东西，为新的物品腾出空间。当你购物时，一直用这种极端的方法约束自己，就可以避免购买无用的东西。

我的第二条规则是，为了避免生活陷入杂乱，我会和自己玩一个心理游戏。我会想象，买了眼前这样东西，然后，几个月或者几年过去了，我的家中发生了火灾。我会问自己两个与此情此景有关的问题：到那个时候，我买的这样东西会是我想从火场中抢救出来的少数几样东西之一吗？（如果真的发生了火灾，我大概会保住电脑）如果我不得已放任这样东西被火灾吞噬了，那我会因为失去它而十分难过吗？（如果我失去了电脑，那我绝对会难过的）

关于要买的这样东西，如果我对于以上两个问题都真心实意地说“不”，那么我会直接走开，不买它了。但如果我对于任何一个问题的回答是“是”的话，那我会认真考虑买下这样东西。然而，即使我非常想买它，它还是要符合我的第一条规则才可以。如果我找不出任何可以扔的东西来为这件商品腾出空间的话，我一般是不会买它的。这听起来挺苛刻的，但自律本来就不容易。在现阶段的生活里，我对于极简主义的解释是，我想要我的所有东西都能收纳进我的行李里。

你们对自己没有必要这么严厉。明确你自己的目标并开始行动，按照相应的程度整理并精简生活。

记住，书本只能给你一些指导与小建议。你有能力和自由来将这些建议应用到生活中——实现你的心愿，到什么程度都可以，想维持多久都可以。唯一的目标就是让自己尽可能地开心、幸福。

我相信你们。现在，是时候为自己创造一个不完美却舒适惬意的、符合极简主义的小宇宙了。

佐伊

敬上

附录：佐伊·麦基的其他著作

《坚不可摧的自信》（*Unbreakable Confidence*）

《锻造勇气》（*Build Grit*）

《探寻你为何而生——第一册》（*Find What You Were Born For-Book* 1）

《探寻你为何而生——第二册》（*Find What You Were Born For-Book* 2）

《天生我材必有用》（*Find Who You Were Born To Be*）

《捕捉勇气》（*Catching Courage*）

《无所畏惧》（*Fearless*）

《日常程序大转变》（*Daily Routine Makeover*）

《日常程序大转变——晨间版本》（*Daily Routine Makeover-Morning Edition*）

《日常程序大转变——夜间版本》（*Daily Routine Makeover-Evening Edition*）

《越整理越轻松》（*Less Mess Less Stress*）

《你比你想象的更勇敢》（*Braver Than You Believe*）

《零混乱零压力》（*Mess Free Stress Free*）